T0063735

Así somos
los animales

LIBSA

© 2022, Editorial LIBSA
C/ Puerto de Navacerrada, 88
Polígono Industrial Las Nieves
28935 Móstoles (Madrid)
Tel.: (34) 91 657 25 80
e-mail: libsa@libsa.es
www.libsa.es

Textos: Ángel Luis León Panal
Ilustración: Archivo editorial Libsa • Getty Images •
Shutterstock Images

ISBN: 978-84-662-4146-5

DL: M-7041-2022

CONTENIDO

OJOS SORPRENDENTES

La visión es un sentido muy importante para muchas especies, tanto diurnas como nocturnas. En el reino animal podemos encontrar una increíble diversidad de tipos de ojos.

AVESTRUZ

Además de ser las aves de mayor tamaño de la Tierra, las **avestruces** (*Struthio camelus*) tienen los ojos más grandes de entre todos los animales terrestres. Cada uno mide 5 cm de diámetro: ¡son más grandes que su cerebro!

GECKO

Los **geckos** tienen los párpados fusionados, formando una membrana transparente que cubre los ojos. ¡Por eso usan la lengua para limpiárselos!

BÚHO

Muchos **búhos** están adaptados para cazar por la noche. Para localizar a sus presas, usan sus grandes ojos aunque también cuentan con un oído excelente.

CAMALEÓN

Los **camaleones** pueden mover cada uno de sus ojos de forma independiente y así tener una visión panorámica de casi 350°. No pierden detalle de nada, salvo de lo que ocurre detrás de su cabeza, que es donde tienen el punto ciego.

PULPO

Los **pulpos** son famosos por su extraña mirada. Sus pupilas tienen forma de U o de W, lo que les da un aspecto casi extraterrestre. Aún se desconoce por qué las pupilas tienen este aspecto, aunque los científicos creen que puede servir para detectar los colores de las cosas que les rodean. Además, gracias a unas células de su piel logran detectar los colores de su entorno para así camuflarse mejor.

Puedo llegar a medir 12 m y pesar hasta ¡250 kg!

CALAMAR GIGANTE

Los ojos de los **calamares gigantes** (*Architeuthis dux*) son los más grandes del mundo animal: tienen un diámetro de 25 cm. Les sirven para detectar formas enormes, como los cachalotes.

5

GATO

Los **gatos**, al igual que muchos tipos de felinos, cuentan con una muy buena visión en la oscuridad. Esto es debido al *tapetum lucidum*, una capa especial de células localizada detrás de la retina.

CARACOL

Los **caracoles** son famosos porque sus ojos están al final de dos largos tentáculos, aunque con ellos solo perciben las fuentes de luz y sombra. Su principal sentido es el olfato, gracias a las células que se encuentran en la piel de los tentáculos.

LIBÉLULA

Al igual que otros artrópodos, como los arácnidos o los crustáceos, los insectos tienen ojos formados por numerosas estructuras conocidas como omatidios. Los grandes ojos de algunas **libélulas** pueden estar formados por más de 20 000 omatidios.

CABRA

Las pupilas en forma rectangular de las **cabras** les dan un aspecto curioso. Gracias a que sus ojos están situados a cada lado de la cabeza y a la forma de las pupilas, logran una visión panorámica con la que detectar a sus depredadores.

IGUANA

Las **iguanas** cuentan con una vista excelente adaptada a las luces y sombras que se dan en las selvas.

COCODRILO

Muchas especies de **cocodrilos** cazan por la noche, gracias a su buena visión nocturna. Sus pupilas tienen forma vertical, como las de los gatos, y también presentan un *tapetum lucidum* que hace que sus ojos brillen al iluminarse. Para protegerlos mejor, cuentan con un tercer párpado o membrana nictitante.

PIRAÑA

La **piraña de vientre rojo** (*Pygocentrus nattereri*) es un pez de hábitos diurnos. Sin embargo, vive en ríos donde el agua suele estar turbia y poco transparente, por eso necesita una buena visión para buscar alimento y detectar los peligros. Gracias a sus grandes ojos y el resto de sentidos puede estar alerta a todo lo que pasa a su alrededor.

Soy el mamífero con los ojos más grandes

GÁLAGO

Los **gálagos** son unos pequeños primates que viven en África. Son animales nocturnos que se alimentan de insectos, pequeñas presas y frutas, las cuales consiguen mientras exploran los árboles. Sus grandes ojos les proporcionan una excelente visión nocturna para detectar cualquier oportunidad o peligro. También tienen unas enormes orejas para escuchar cualquier sonido.

BOCAS

En la naturaleza existen muchas formas de bocas que pueden estar repletas o no de dientes. Sus características nos dan pistas sobre la alimentación de los animales.

TIBURÓN PEREGRINO

El **tiburón peregrino** (*Cetorhinus maximus*) es un enorme tiburón de hasta 10 m de longitud y 4 toneladas de peso. Es el segundo pez más grande del mundo, solo superado por el tiburón ballena. Ambos son filtradores que se alimentan de diminutos organismos y pequeños peces e invertebrados, los cuales capturan dando bocanadas de agua. El tiburón peregrino puede filtrar entre 1 000 y 2 000 toneladas de agua por hora.

GAVIAL

Los **gaviales** (*Gavialis gangeticus*) tienen un característico hocico alargado y estrecho. Su boca está llena de dientes, de principio a fin, que utiliza para capturar peces.

BABUINO

El **babuino** (*Papio anubis*) es un primate que habita en algunas regiones de África. Su hocico recuerda al de un perro. Cuenta con unos colmillos afilados para defenderse y que además muestra al sentirse amenazado.

LAMPREA

Las **lampreas** son unos peces extraños y de aspecto primitivo. Sus bocas son como unas ventosas con diminutos dientes que usan para aferrarse al cuerpo de otros peces. Una vez sujetos, le harán una herida en la piel para succionar su sangre.

PEZ PELÍCANO

El **pez pelícano** (*Eurypharynx pelecanoides*) es una especie que vive en las profundidades abisales de los océanos. Su característica más llamativa es una enorme boca, que es incluso más grande que el resto de su cuerpo. En la mandíbula inferior tiene una bolsa parecida a la de un pelícano. Le sirve para atrapar peces y otras pequeñas presas.

RAPE

El **rape común** (*Lophius piscatorius*) cuenta con un señuelo sobre su cabeza para atraer a sus presas. Cuando se encuentran lo suficientemente cerca, ¡las atrapa con un gran bocado!

TIBURÓN

Para ejercer de grandes depredadores, los dientes de los **tiburones** crecen en filas, como si fueran una cinta transportadora. Conforme van avanzando en la encía, irán sustituyendo a los dientes rotos o que se han caído. Los tiburones pierden los dientes con tanta facilidad porque, a diferencia de los humanos, los suyos carecen de raíz.

¡Los tiburones podemos tener hasta **30 000 dientes** a lo largo de nuestra vida!

9

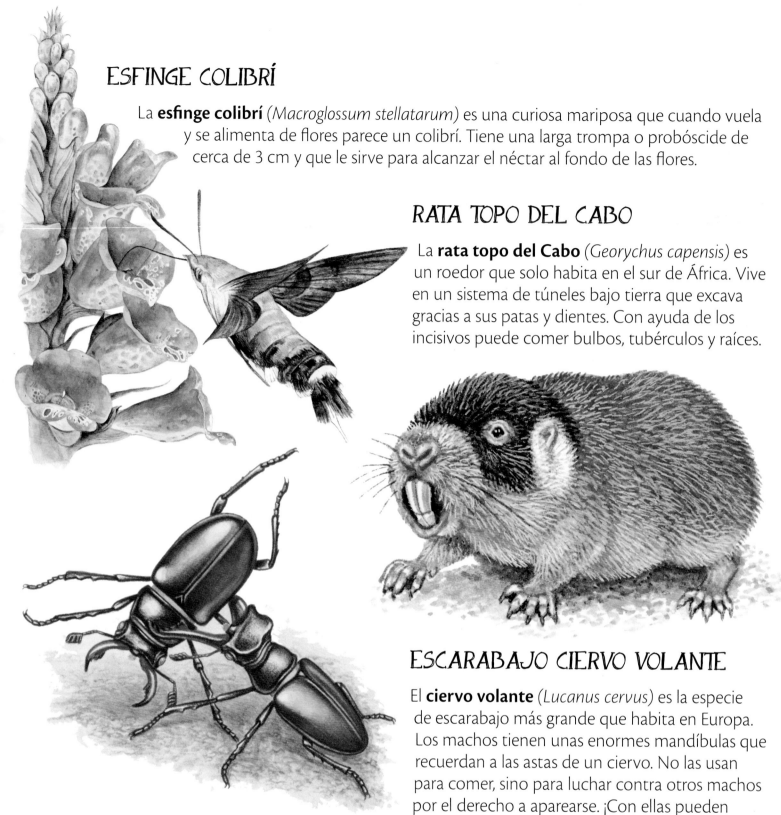

ESFINGE COLIBRÍ

La **esfinge colibrí** (*Macroglossum stellatarum*) es una curiosa mariposa que cuando vuela y se alimenta de flores parece un colibrí. Tiene una larga trompa o probóscide de cerca de 3 cm y que le sirve para alcanzar el néctar al fondo de las flores.

RATA TOPO DEL CABO

La **rata topo del Cabo** (*Georychus capensis*) es un roedor que solo habita en el sur de África. Vive en un sistema de túneles bajo tierra que excava gracias a sus patas y dientes. Con ayuda de los incisivos puede comer bulbos, tubérculos y raíces.

ESCARABAJO CIERVO VOLANTE

El **ciervo volante** (*Lucanus cervus*) es la especie de escarabajo más grande que habita en Europa. Los machos tienen unas enormes mandíbulas que recuerdan a las astas de un ciervo. No las usan para comer, sino para luchar contra otros machos por el derecho a aparearse. ¡Con ellas pueden levantar a sus contrincantes!

HORMIGA

Con sus mandíbulas las **hormigas** realizan muchos tipos de tareas: transportan alimentos u otros objetos como ramas, piedras o arena. También las utilizan para construir hormigueros o defenderse. Algunas especies comen hongos que crecen sobre trozos de hojas. Estas hormigas usan sus mandíbulas como si fueran unas tijeras para cortar las hojas.

PITÓN RETICULADA

Las **serpientes** no pueden masticar la comida, por eso se tragan enteras a sus presas. Son capaces de comer presas más grandes que su cabeza porque para engullirlas separan parte de los huesos de su boca.

HIPOPÓTAMO

Durante la noche, los **hipopótamos** (*Hippopotamus amphibius*) abandonan el agua para pastar entre la hierba que crece alrededor de ríos y lagos. Tienen una poderosa mordedura gracias a unos colmillos de más de 20 cm de longitud. Con ellos se defienden de otros hipopótamos o de depredadores como los cocodrilos.

¡Los dientes me crecen durante toda la vida!

CASTOR

Los **castores** son roedores que se alimentan de hojas, ramitas y corteza de diferentes plantas. Gracias a sus grandes incisivos, roen el tronco de los árboles que utilizan para construir su hogar y presas para retener el agua. ¡Son como ingenieros que construyen lagos a su antojo!

COLMILLOS

Algunos animales, tanto herbívoros como carnívoros, tienen colmillos o caninos que destacan sobre el resto de sus dientes. Estas especies los utilizan para cazar, defenderse o impresionar durante el cortejo.

JABALÍ

Los cuatro caninos del **jabalí macho** (Sus scrofa) crecen mucho más que el resto de sus dientes. ¡Algunos pueden medir más de 10 cm de largo!

ARAÑAS

Los colmillos de las **arañas** son conocidos como quelíceros. Cuando capturan una presa, los utilizan para inyectarle veneno.

MURCIÉLAGO

El **murciélago vampiro** (Desmodus rotundus) tiene unos afilados incisivos con los que hace pequeñas heridas a animales como las vacas. Así logra extraerles sangre para comer.

MORSA

La **morsa** (Odobenus rosmarus) es un gran animal que vive en las frías costas de la región ártica. Tanto las hembras como los machos cuentan con largos colmillos de hasta 1 m de longitud. Los machos usan los colmillos para luchar entre ellos. También les pueden servir para abrir agujeros en el hielo marino.

SERPIENTES

Los dientes de todas las **serpientes** tienen un aspecto afilado y curvado hacia el interior de la boca. De entre todos, destacan los que algunas especies usan para inyectar veneno en sus presas. Los colmillos de la **víbora de Gabón** (*Bitis gabonica*) miden hasta 5 cm de largo y son los más largos de cualquier serpiente venenosa.

Nuestros colmillos pueden llegar a medir **3,5 m** y pesar **200 kg**

ELEFANTE

Los colmillos de los **elefantes africanos** (*Loxodonta africana*) son en realidad dientes que se extienden más allá de su boca. Están conectados al cráneo y tienen terminaciones nerviosas, como nuestros dientes. En los **elefantes asiáticos** (*Elephas maximus*) los colmillos no son tan largos o incluso no les crecen.

PICOS

El pico es una de las características que diferencian a las aves del resto de animales. Se trata de una estructura cuya función es similar a la de los dientes. Observando la forma del pico podemos adivinar de qué se alimenta la especie.

GARZA

La **garza real** (*Ardea cinerea*) pesca con mucho sigilo y paciencia en las orillas de ríos y lagos. Utiliza su largo pico para capturar peces y pequeñas ranas.

PÁJARO CARPINTERO

El pico y la cabeza del **pájaro carpintero** están adaptados para aguantar los golpes que reciben cuando abren agujeros en el tronco de los árboles. Otras especies de pájaros carpinteros prefieren hacer sus nidos en cactus, bambús, paredes de tierra o incluso termiteros.

GAVILÁN

Al igual que otras aves rapaces, el **gavilán** (*Accipiter nisus*) cuenta con un pico curvo y poderoso para extraer la carne de sus presas. Esta especie habita en los bosques y caza oculta entre la vegetación, desde donde lanza rápidos ataques al detectar a su presa.

GORRIÓN

El **gorrión molinero** (*Passer montanus*) busca su alimento en el suelo, en compañía de otros compañeros de su especie. Su comida favorita son las semillas, aunque también atrapa pequeños invertebrados con su pico.

PICO TIJERA

El **rayador americano** o **pico tijera** (*Rynchops niger*) tiene un llamativo pico de color negro y rojo. Se alimenta de pequeños peces, crustáceos y moluscos que captura con la parte inferior de su pico mientras vuela rozando el agua.

AVOCETA

La **avoceta común** (*Recurvirostra avosetta*) es una especie que habita en zonas de costas o marismas. Se alimenta de pequeños crustáceos que nadan en el agua salada poco profunda. Utiliza su pico largo y curvado hacia arriba para barrer el agua, de a un lado a otro, y capturar la comida.

FLAMENCO

El pico de los **flamencos** es único en el reino animal. En el interior de su boca hay unas pequeñas láminas que usan para filtrar algas microscópicas y pequeños crustáceos que habitan en el agua. ¡Para comer ponen la cabeza boca abajo!

¡Cada pico tiene su función!

PELÍCANO

Los **pelícanos** son famosos por poseer un pico muy largo, con un gran saco en la parte inferior. Gracias a este pico, puede capturar los peces dando un trago de agua que luego expulsa. Cuando hay muchos peces, algunas especies de pelícanos unen sus fuerzas y los acorralan en grandes grupos.

CUERNOS

En la Tierra habitan numerosas especies que tienen cuernos, astas o estructuras parecidas. Cuando son grandes y afilados, los cuernos son un método eficaz de defensa. Muchos de estos animales también los utilizan para luchar entre ellos por las hembras.

CIERVO

Los **ciervos** tienen un tipo de cuernos conocidos como astas. Los machos tienen astas grandes y ramificadas que les sirven para luchar durante el cortejo. Estas cornamentas pueden medir más de 1 m de longitud y se mudan todos los años.

JIRAFA

Tanto los machos como las hembras de las **jirafas** (*Giraffa camelopardalis*) tienen osiconos. Estas estructuras son de cartílago y están cubiertas de piel. Los osiconos de las hembras son delgados y con un penacho de pelo en la parte superior, mientras que en los machos terminan en forma de perilla y suelen ser calvos.

RINOCERONTE

Al contrario de lo que ocurre en otros animales, sus cuernos no están hechos de hueso, sino de queratina. ¡Es la misma molécula de nuestras uñas y pelos! El **rinoceronte blanco** (*Ceratotherium simum*) es la especie más grande de todas. Cuenta con unos enormes cuernos de más de 60 cm de largo.

NARVAL

El **narval** (*Monodon monoceros*) es una especie de cetáceo que vive en las aguas del océano Ártico y el norte del Atlántico. Los machos presentan un largo y retorcido colmillo que crece hasta los 2 m de largo y pesa 10 kg.

El cuerno del narval es en realidad... ¡un diente!

GACELA DE THOMSON

Las **gacelas de Thomson** (*Eudorcas thomsonii*) tienen cuernos de color oscuro, ligeramente curvados y adornados con anillos. Entre los machos, los cuernos son más grandes, pudiendo alcanzar casi medio metro de longitud. Los usan para defenderse o luchar durante la época de reproducción.

PUDÚ

El **pudú** (*Pudu puda*) es el ciervo más pequeño del mundo. Vive en bosques de gran altitud de algunas regiones de los Andes. Los machos presentan unas pequeñas astas que apenas miden unos 7 cm de longitud.

CAMALEÓN DE JACKSON

El **camaleón de Jackson** (*Trioceros jacksonii*) es un curioso reptil que habita en bosques del este de África. Los machos de esta especie tienen tres grandes cuernos que nos recuerdan a los Triceratops. No los utiliza para luchar, sino para exhibirse ante las hembras.

BÚFALO AFRICANO

El **búfalo africano** o **cafre** (*Syncerus caffer*) es un gran animal que vive en grupos numerosos en África. Debido a su tamaño, muy pocos depredadores se atreven a cazarlos. Si algún león lo intenta, tiene unos grandes y afilados cuernos para defenderse.

ÍBICE

El **íbice** (*Capra ibex*) es un excelente escalador que vive en las montañas, a salvo de la mayoría de los depredadores. Los machos tienen unos largos y curvados cuernos que usan para luchar entre ellos.

RANA CORNUDA

La **rana cornuda malaya** (*Megophrys nasuta*) tiene sobre sus párpados unas estructuras que recuerdan a unos cuernos. Habita en las selvas del sudeste de Asia.

ARRUÍ

Al **arruí** (*Ammotragus lervia*) podemos encontrarlo en las zonas rocosas del norte de África. Los machos tienen cuernos mucho más grandes que las hembras. Miden más de 70 cm de largo.

ÓRIX

El **órix** es un animal pariente de los antílopes. Sus cuernos crecen rectos y muy largos formando una V.

¿Sabías que nuestra lengua puede llegar a medir 35 cm?

OKAPI

A pesar de su aspecto, el **okapi** (*Okapia johnstoni*) pertenece a la misma familia que las jirafas. Solo los machos tienen osiconos, que miden menos de 15 cm. Los usan para luchar contra otros machos durante el cortejo.

Mil y una ANTENAS

Las antenas son unos órganos que ayudan a los insectos a percibir el mundo que les rodea. Algunos las usan para rastrear olores o conocer el sabor de las cosas. También son útiles para el tacto o incluso para comunicarse con otros miembros de su especie.

ARISTADAS

Los insectos como las **moscas domésticas** (*Musca domestica*) presentan unas extrañas antenas de pequeño tamaño y con una parte plumosa que tiene función sensorial.

CLAVIFORMES

Algunas **mariposas** y **polillas** tienen antenas claviformes. Son más gruesas en su extremo y más finas en la base.

ASERRADAS

Su morfología aserrada recuerda a los dientes de una pequeña sierra. Están presentes en muchas especies de **escarabajos.**

CAPITADAS

Las antenas capitadas se diferencian porque presentan un extremo ensanchado en forma de bola y están presentes entre las **mariposas.** .

FILIFORMES

Los insectos como las **cucarachas**, los **saltamontes** o los **grillos** tienen largas y finas antenas conocidas como filiformes. Gracias a ellas pueden palpar los objetos que les rodean.

LAMELADAS

Las antenas de algunos **escarabajos**, como el **abejarón** (*Melolontha hippocastani*), son lameladas. Estas antenas se ramifican varias veces haciendo que su aspecto sea el de un abanico. Gracias a esta estructura perciben mejor los olores.

MONILIFORMES

Las antenas moniliformes son parecidas a las filiformes, pero más cortas y anchas. Su aspecto recuerda al de un collar. Están presentes en **hormigas, abejas** o **termitas.**

¡Nos frotamos las antenas para eliminar la suciedad!

PLUMOSAS

Las antenas plumosas son muy llamativas, ya que presentan muchas ramificaciones que le dan el aspecto de una pluma. Este tipo de antena aparece en la polilla más grande del mundo, la **mariposa atlas** (*Attacus atlas*). Con ellas puede detectar mejor las moléculas que flotan en el aire, como las feromonas que utiliza para atraer a sus parejas.

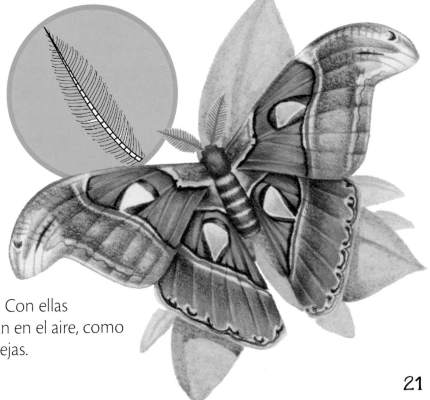

GARRAS y PATAS

Los animales utilizan sus patas para múltiples funciones como caminar, nadar, trepar, excavar o atrapar a sus presas. Algunas especies tienen patas con largas garras que les ayudan a sobrevivir.

ELEFANTE

Los elefantes son los animales terrestres más grandes que existen en el planeta. Por ejemplo, un macho de **elefante africano** (*Loxodonta africana*) puede alcanzar casi 4 m de longitud y pesar más de 10 toneladas. Sus patas rectas son una adaptación que le sirve para soportar su peso. Además, en sus pies tienen una almohadilla de cartílago debajo del talón que funciona como un amortiguador.

JACANA

Las patas de la **jacana africana** (*Actophilornis africana*) son muy grandes para un ave de su tamaño. Esta especie está adaptada a vivir en lagos con vegetación flotante. ¡Gracias a sus largos dedos logra caminar entre las hojas sin hundirse!

OSO HORMIGUERO

El **oso hormiguero gigante** (*Myrmecophaga tridactyla*) se alimenta de hormigas y termitas, que captura con su gran lengua. Cuenta con cuatro garras alargadas en cada pata delantera. Les sirven para excavar y abrir los hormigueros o termiteros.

ÁGUILA CALVA

El **águila calva** (*Haliaeetus leucocephalus*) es una ave rapaz que habita en gran parte de América del Norte. Se alimenta de peces que localiza desde lo alto de un árbol o mientras vuela. Con sus afiladas y poderosas garras captura a los peces que están cerca de la superficie del agua.

¡Tengo una visión excelente!

MOSCA

Al igual que otros insectos, las **moscas** son capaces de trepar por diferentes superficies. Unas almohadillas con pequeños pelos les permiten incluso subir por el cristal de las ventanas. Además, ¡sus patas tienen receptores del gusto para identificar los alimentos más ricos!

ARMADILLO

Los **armadillos de nueve bandas** (*Dasypus novemcinctus*) presentan en sus patas delanteras garras que usan para excavar y encontrar alimento escondido en la tierra.

ÁNADE REAL

Muchas especies de aves acuáticas, como el **ánade real** (*Anas platyrhynchos*), tienen unas patas especiales adaptadas para nadar o incluso bucear. Los dedos están unidos por una membrana que las ayuda a propulsarse. En el caso del ánade real, sus patas son de color naranja, pero cuando son polluelos presentan un tono negro.

COLAS MUY ÚTILES

Las colas cumplen múltiples funciones. Para los peces y otras especies acuáticas es su medio de locomoción. Entre los animales terrestres las colas pueden servir para mantener el equilibrio o incluso como un sistema de comunicación.

ESCORPIÓN

Los **escorpiones** son artrópodos familiares de las arañas. Cuentan con unas fuertes pinzas para capturar presas y una cola con la que inyectar veneno. El aguijón curvado tiene pelos sensoriales que les ayudan a picar. Además de usarla para cazar, la cola también es un eficaz sistema de defensa frente a los depredadores.

PECES

¿Sabes diferenciar entre un pez y un mamífero marino? Los **peces** tienen escamas y sus colas están dispuestas de forma vertical, mientras que los **cetáceos** o **mamíferos marinos** están cubiertos de piel desnuda y las aletas de sus colas aparecen orientadas en horizontal.

FAISÁN

Los machos de **faisán común** (*Phasianus colchicus*) presentan en sus colas unas largas plumas adornadas con rayas. Son parte del elegante vestido de colores llamativos que usan para atraer a las hembras.

ARDILLA

Gracias a sus peludas colas las **ardillas** mantienen el equilibrio mientras exploran los árboles.

MONO ARAÑA

Los **monos araña** son unos curiosos primates que podemos encontrar en selvas de América Central y del Sur. Su característica más llamativa es una larga cola prensil que utilizan como si fuera un quinto brazo. ¡Así pueden agarrarse a una rama mientras tienen las manos libres!

¡Mi cola es más LARGA que mi cuerpo!

JIRAFA

Las **jirafas** cuentan con una cola muy larga que puede llegar al medio metro de longitud. El mechón de pelo negro de su extremo es muy útil para espantar insectos.

PERRO Y GATO

Las colas pueden cumplir una función de comunicación entre los animales. Mientras el pelo de la cola de los **gatos** se eriza cuando sienten miedo, el movimiento enérgico y horizontal de la cola de un **perro** muestra alegría.

SERPIENTE DE CASCABEL

Las **serpientes de cascabel** tienen en la punta de su cola una estructura que recuerda a un sonajero. Cuando se sienten amenazadas, mueven su cola y producen un ruido de advertencia. Si el depredador no se aleja al escucharlas, lanzarán un peligroso y venenoso mordisco.

COLORES y PATRONES

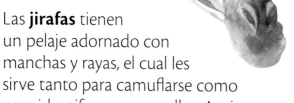

En la naturaleza, los colores y patrones son muy importantes para transmitir información. Algunas especies de animales se valen de vestidos llamativos para el cortejo o como una señal de advertencia. Aunque otras prefieren usar el color como una forma de camuflarse.

JIRAFA

Las **jirafas** tienen un pelaje adornado con manchas y rayas, el cual les sirve tanto para camuflarse como para identificarse entre ellas. Antiguamente se pensaba que existía una sola especie de jirafa, pero ahora sabemos que son cuatro: la **jirafa del norte** (*Giraffa camelopardalis*), la **jirafa reticulada** (*G. reticulata*), la **jirafa Masai** (*G. tippelskirchi*) y la **jirafa del sur** (*G. giraffa*). Cada una tiene un patrón de manchas diferentes.

MOFETA

Todas las especies de **mofetas** cuentan con un pelaje negro con manchas y rayas blancas. Este patrón es una advertencia para los depredadores o cualquier animal que se atreva a molestarlas, ya que pueden lanzar una sustancia con un olor muy fuerte y desagradable. Algunas especies de mofetas se apoyan sobre las patas delanteras y ¡lanzan este líquido a una distancia de 2 m!

RANAS DARDO

Muchas especies de ranas tienen sustancias venenosas en su piel como método de defensa. Para advertir a los depredadores, su piel puede ser muy llamativa, con colores como rojo, amarillo, naranja o incluso azul. Las **ranas dardo** son muy famosas por utilizar esta estrategia.

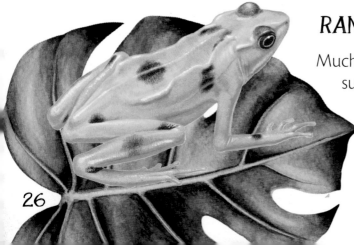

GUEPARDO

La mayoría de los grandes felinos, salvo los leones y los pumas, tienen un pelaje con manchas. Entre los tigres el patrón consiste en rayas, pero otras especies visten con puntos o círculos como pueden ser el **jaguar, el leopardo** o el **guepardo**. Estas manchas les sirven para camuflarse entre la vegetación.

Las cebras somos negras con rayas blancas

CEBRA

No existen dos **cebras** (*Equus quagga*) que tengan los mismos dibujos con rayas. De esta forma, pueden diferenciarse entre ellas cuando están en manada. Además, gracias a este curioso vestido evitan que les piquen insectos como los tábanos.

PECES DE COLORES

Los arrecifes de coral son unos ecosistemas marinos donde podemos encontrar una increíble variedad de **peces**. Muchas de estas especies muestran un aspecto colorido que tiene diferentes funciones como la comunicación, su advertencia de peligro o incluso el camuflaje.

FLAMENCO

Las plumas de los **flamencos** son de color rosado o incluso rojo gracias a una dieta rica en los diminutos crustáceos que obtienen del agua.

SERPIENTE FALSA CORAL

La **falsa coral** (*Anilius scytale*) no es una especie venenosa. Los colores de su piel imitan a los de otras serpientes que sí son peligrosas y así engañan a sus depredadores.

MARIPOSA DE CRISTAL

La **mariposa de cristal** (*Greta oto*) es una especie muy curiosa de alas transparentes. Gracias a esta genial adaptación puede camuflarse entre la vegetación mientras vuela o descansa.

VIUDA NEGRA

La **viuda negra europea** o **araña sangrienta** (*Latrodectus tredecimguttatus*) tiene trece manchas de color rojo, amarillas o anaranjadas en su abdomen. Son una señal de advertencia ya que es un arácnido venenoso.

PAVO REAL

Los machos de **pavo real** (*Pavo cristatus*) cuentan con una larga cola de plumas coloreadas con tonos verdes y azules brillantes. Esta llamativa característica es una adaptación destinada a impresionar a su pareja con un gran despliegue de color. Las hembras muestran un plumaje más apagado que los machos y carecen de su larga cola.

PAVO REAL HEMBRA

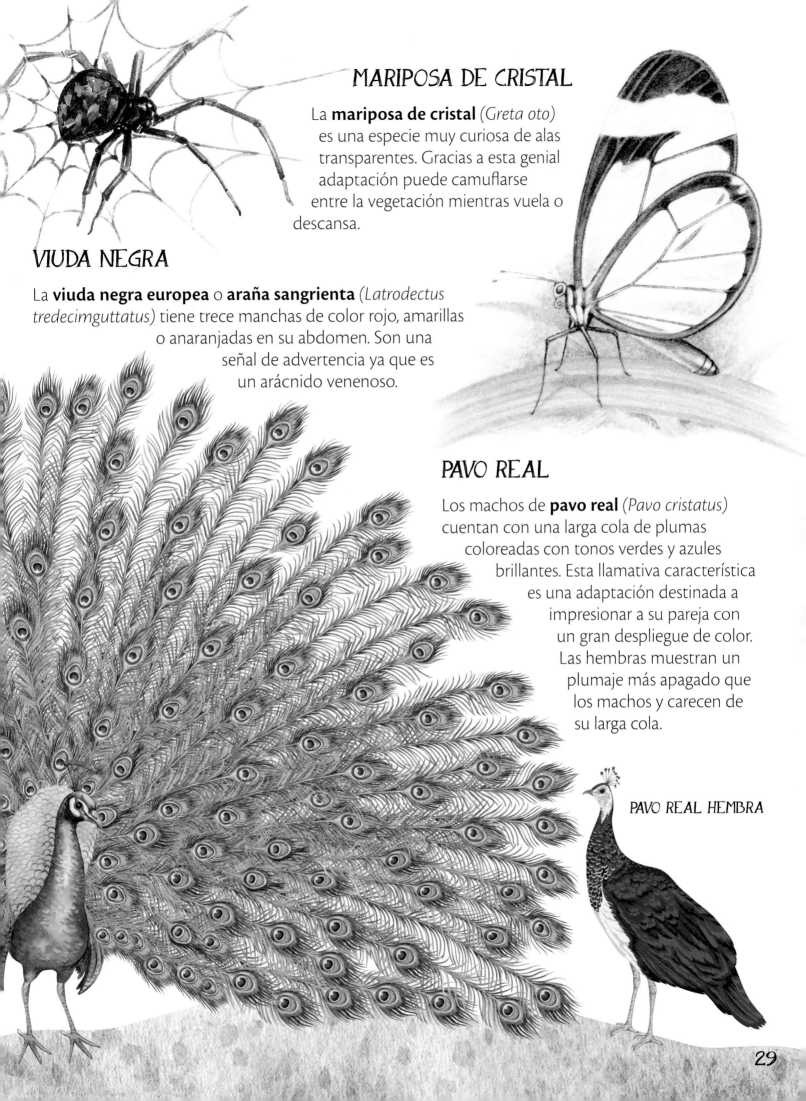

DISTINTOS ABRIGOS

La piel de los animales puede estar cubierta por pelos, plumas, escamas o incluso estar desnuda. Observando los abrigos que usan lograremos saber los hábitats donde viven.

MAMÍFEROS: PELO

Una de las características de los mamíferos es la presencia de pelo, gracias al cual pueden mantener el calor. La **nutria marina** (*Enhydra lutris*) es la especie con el pelaje más denso. ¡Tiene 400 000 pelos por centímetro cuadrado de piel!

MAMÍFEROS: PÚAS

Las púas son pelos modificados en algunos mamíferos como los **erizos** y los **puercoespines**. Tienen una función de defensa. Las púas del **puercoespín crestado** (*Hystrix cristata*) pueden medir 35 cm de largo.

MAMÍFEROS: LANA

La lana se obtiene a partir del pelo esponjoso y sedoso de las **ovejas**. A diferencia del pelo normal, la lana es rizada y elástica. Existen otros animales con los que se pueden hacer lana como las **cabras**, los **conejos de Angora** o las **alpacas**.

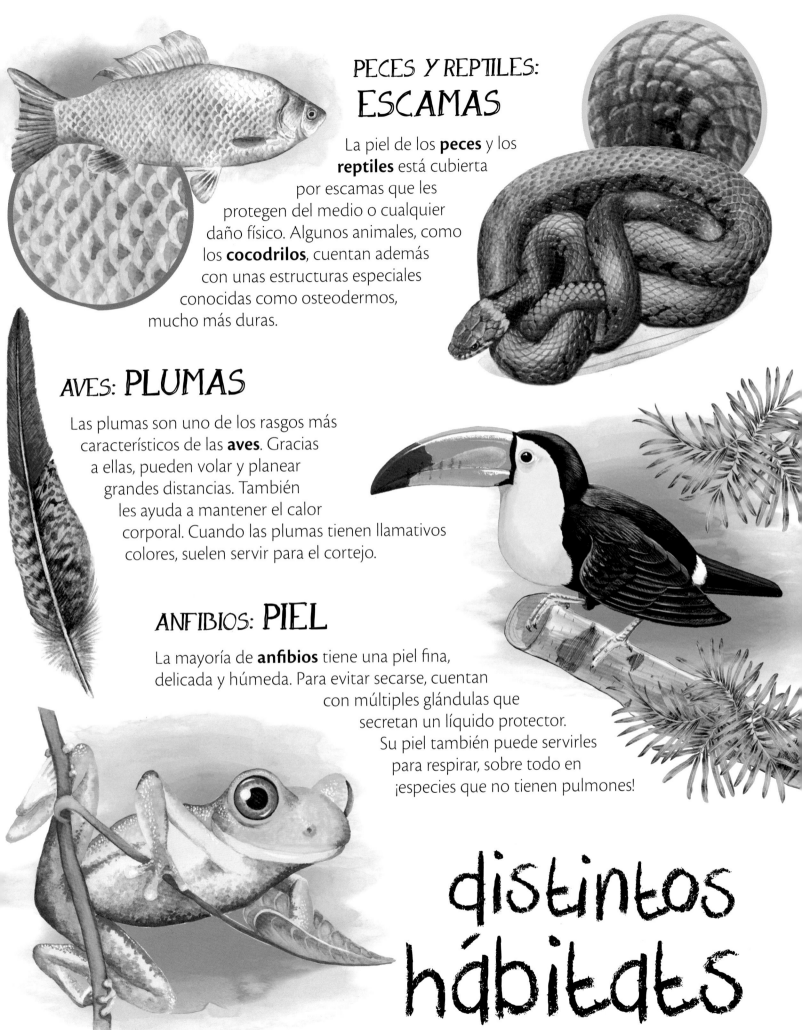

PECES Y REPTILES: ESCAMAS

La piel de los **peces** y los **reptiles** está cubierta por escamas que les protegen del medio o cualquier daño físico. Algunos animales, como los **cocodrilos**, cuentan además con unas estructuras especiales conocidas como osteodermos, mucho más duras.

AVES: PLUMAS

Las plumas son uno de los rasgos más característicos de las **aves**. Gracias a ellas, pueden volar y planear grandes distancias. También les ayuda a mantener el calor corporal. Cuando las plumas tienen llamativos colores, suelen servir para el cortejo.

ANFIBIOS: PIEL

La mayoría de **anfibios** tiene una piel fina, delicada y húmeda. Para evitar secarse, cuentan con múltiples glándulas que secretan un líquido protector. Su piel también puede servirles para respirar, sobre todo en ¡especies que no tienen pulmones!

distintos hábitats

Super AMIGOS

Algunas especies prefieren cooperar entre ellas para sobrevivir, buscando así el beneficio mutuo. Este tipo de relación se conoce como mutualismo y se da en todos los ambientes.

PEZ PAYASO Y ANÉMONA

Los **peces payaso** son famosos por vivir junto a las **anémonas** de mar. Pueden esconderse de los depredadores entre los tentáculos porque a ellos no les afecta el veneno. Además, los peces defienden a las anémonas de otras especies que se alimentan de ellas.

CEBRAS Y AVESTRUCES

Las **avestruces** (*Struthio camelus*) cuentan con una vista buena y muy útil para detectar los peligros, mientras que las **cebras** (*Equus quagga*) localizan a los depredadores gracias al olfato. Cuando ambos animales conviven en la sabana, se advierten mutuamente del momento de la huida.

COCODRILO DEL NILO Y CHORLITO EGIPCIO

El **chorlito egipcio** (*Pluvianus aegyptius*) es un ave que vive en las orillas de los ríos, donde se alimenta de pequeños insectos que encuentra entre las rocas y las plantas. Desde muy antiguo, se cuenta que esta especie se alimenta de las sanguijuelas que crecen en la boca de los **cocodrilos**, pero esta relación nunca ha sido demostrada.

TIBURÓN Y RÉMORAS

Las **rémoras** son un curioso grupo de peces que nadan junto a **tiburones**, pero también con **ballenas, tortugas** o **rayas**. En sus cabezas tienen una aleta especial que funciona como una ventosa y les ayuda a sujetarse a la piel. Las rémoras se alimentan de parásitos, de restos de comida e incluso de las heces de sus huéspedes.

Además de ser el dentista de los cocodrilos, ¡el chorlito puede volar a 91 km/h! ¡Muy rápido.

PICABUEYES PIQUIRROJO Y BUEY

El **picabueyes piquirrojo** (*Buphagus erythrorynchus*) es un tipo de ave que habita en muchas regiones de África. Con su característico pico de color rojo, atrapa insectos pequeños o garrapatas que viven en el pelaje de grandes animales como **rinocerontes, bueyes, cebras** o **antílopes**. A ellos no les importa porque ¡les están dejando libres de parásitos! Además, los picabueyes pueden llevarse un poco de pelo para construir sus nidos.

GOBIO Y CAMARONES

Algunas especies de **gobios** comparten su hogar con **camarones**. En esta relación, el camarón se encarga de excavar una madriguera, mientras que el gobio vigila que no se acerque ningún depredador gracias a su buena visión. Los camarones tienen una larga antena con la que palpan para buscar a su amigo.

LAGARTO DE COLA ESPINOSA Y ESCORPIÓN

El **lagarto de cola espinosa** (*Uromastyx aegyptius*) vive en el norte de África y Oriente Medio. En ocasiones, comparte su madriguera con el **escorpión amarillo** (*Leiurus quinquestriatus*). Ambos se toleran ya que este último brinda seguridad, mientras que el lagarto se encarga de construir la madriguera.

TARÁNTULA Y RANA DE HOJARASCA

La **tarántula** *Xenesthis immanis* vive en las selvas de Colombia. Esta especie se alimenta de vertebrados como pequeñas aves, mamíferos o reptiles. Sin embargo, vive en mutualismo con la **rana de hojarasca del río Pastaza** (*Chiasmocleis ventrimaculata*). A cambio de la protección de la araña, estos diminutos anfibios se comen a las hormigas que podrían devorar los huevos de la araña. Esta relación también se da con la **rana de hojarasca boliviana** (*Hamptophryne boliviana*).

ORUGA Y HORMIGAS

Las **hormigas** son famosas por mantener relaciones mutualistas con muchas especies. A los animales que conviven con estos insectos, incluso en el interior de los hormigueros, se les llama mirmecófilos. Entre ellas encontramos algunas **orugas** de lepidópteros que secretan un líquido azucarado para que lo beban las hormigas. A cambio, estas les protegen de los depredadores.

¡Todos contentos!

HIPOPÓTAMO Y POLLUELA NEGRA

La **polluela negra africana** (*Amaurornis flavirostra*) es una especie de ave que habita en pantanos o ríos. Su alimentación se basa en pequeños animales como insectos, peces, anfibios y semillas. Al igual que hacen los picabueyes piquirrojos, esta especie se posa sobre los **hipopótamos** para eliminar los parásitos que encuentra en su piel.

Archi ENEMIGOS

Los animales depredadores, tanto carnívoros como omnívoros, utilizan muchas estrategias para capturar presas pequeñas o grandes. Sin embargo, las presas también cuentan con diferentes adaptaciones para evitar ser atrapadas.

SERPIENTES Y ANFIBIOS

La gran mayoría de las **serpientes** se alimenta de vertebrados como mamíferos, aves, reptiles o anfibios. Estos depredadores usan el sigilo y sus órganos sensoriales para detectar a las presas. Las **ranas** y los **sapos** evitan ser capturados gracias a unas potentes ancas con las que saltan lejos del peligro. Además algunas especies de anfibios cuentan con una piel tóxica como método de defensa.

ZORRO Y ERIZO

Los **erizos** tienen un abrigo de púas para defenderse. Algunas especies como el **erizo común** (*Erinaceus europaeus*), pueden tener entre 5 000 y 7 000 púas. Sin embargo, los depredadores como los zorros rojos, los tejones, las martas o incluso los búhos reales y las águilas han aprendido a cazarlos.

CARACOLES Y GALLINAS

La **gallina** (*Gallus gallus*) se alimenta de semillas y de insectos, lombrices y moluscos que encuentra en el suelo. Para evitar ser comidos, los **caracoles** están protegidos con un duro caparazón, además de ocultarse entre las plantas y rocas.

HIENAS Y LEONES

Los **leones** son animales muy territoriales que pueden matar a otros depredadores como los leopardos, los guepardos o las hienas. Si un grupo de leonas logra cazar una gran presa, las **hienas** se acercarán para intentar robarles algo de carne, aunque también se conforman con la carroña.

Enemigos eternos

ABEJARUCO Y ABEJAS

Al **abejaruco común** (*Merops apiaster*) le encanta comer abejas y avispas. Cuando encuentra una colonia de estos insectos, se posa en un lugar cercano desde el que lanzarse y atraparlos al vuelo. Para evitar que les piquen, esta ave golpea a los insectos contra una rama para quitarles los aguijones.

COCODRILOS Y GACELAS

Si un **cocodrilo** ve a una presa, se sumerge en el agua para aproximarse a ella poco a poco. Cuando está lo suficientemente cerca, lanza un rápido ataque con la boca abierta. Por eso las **gacelas** o las **cebras** se acercan a beber con mucho cuidado. ¡Saldrán corriendo si perciben el mínimo movimiento!

LOBO Y CIERVO

Los **lobos** (*Canis lupus*) se alimentan de herbívoros como **ciervos, renos, alces** o incluso **bisontes**. Es un animal que caza en manada, gracias a su increíble coordinación. Suelen acercarse a sus presas mientras están pastando. Por eso, los ciervos viven en grandes grupos donde siempre hay algún ejemplar vigilando.

MANTIS ORQUÍDEA E INSECTOS

La **mantis orquídea** (*Hymenopus coronatus*) es una especie increíble que se camufla entre las flores gracias a su coloración rosa, blanca y amarilla. Además de los colores, tanto sus patas como el resto del cuerpo se parecen a los pétalos entre los que se oculta. Incluso hay ejemplares con manchas negras que simulan la visita de pequeños animales. Con este disfraz puede esconderse, armarse de paciencia y tender una emboscada a los insectos que se acerquen. Pero en su ataque tendrá que ser muy rápida, ya que algunos polinizadores, como las abejas, son ágiles y logran esquivar las garras de la mantis.

BÚHO Y QUETZAL

Los machos de **quetzal centroamericano** (*Pharomachrus mocinno*) cuentan con llamativas plumas de color rojo y verde brillante. Los tonos de verde varían dependiendo de cómo les llegue la luz. Las hembras también lucen un vestido verde, pero menos llamativo. Debido a que no son grandes voladores y la falta de camuflaje, son presas fáciles para aves rapaces como las águilas, los halcones o los búhos.

OSO POLAR Y BELUGA

El **oso polar** (*Ursus maritimus*) es uno de los mayores depredadores de la Tierra. Llega a alcanzar los 3 m de longitud y un peso de alrededor de 700 kg. Gracias a su gran tamaño, logra cazar a las **belugas,** que utilizan orificios en el hielo para salir a respirar.

¡Mi picadura es muy dolorosa!

AVISPA CAZATARÁNTULAS Y TARÁNTULA

Las **avispas cazatarántulas** son un curioso grupo de insectos capaces de matar **tarántulas**. Solo las hembras poseen una picadura poderosa con la que capturan a arácnidos más grandes que ellas. Primero construyen una madriguera en el suelo y luego salen a buscar a sus presas. Cuando localizan una tarántula, la inmovilizan con su veneno y la arrastran hasta el nido para enterrarla junto a un único huevo. La larva se alimentará de la araña cuando nazca.

MIS PAPÁS
ME MIMAN

Después de nacer, muchas crías no pueden sobrevivir por sí mismas. Por este motivo, sus madres y padres se afanan en cuidarlas, darles de comer y evitar que estén indefensas.

CABALLITO DE MAR

Los machos de **caballitos de mar** tienen un gran vientre donde transportan e incuban los huevos hasta que eclosionan. Las crías nacen completamente formadas. El **caballito de mar del Pacífico** (*Hippocampus ingens*) ¡puede guardar hasta 2 000 huevos en su interior!

COCODRILO

Las crías de **cocodrilo** nacen en un nido construido en tierra con arena y hojarasca. En ese momento, emiten unos chirridos para llamar a su madre, que los transportará con delicadeza en el interior de su boca al agua.

BAGRE

Algunas especies de **bagre** son famosas por su peculiar estilo para cuidar de sus crías. Cuando la hembra pone los huevos, tanto el padre como la madre pueden guardarlos en su boca para incubarlos dentro. Las crías permanecen allí hasta que son lo suficientemente grandes como para valerse por sí mismas.

ARAÑA LOBO

Entre las arañas también encontramos diferentes formas de cuidado maternal. Las **arañas lobo** reúnen sus huevos en un saco hecho con telaraña, el cual transportan bajo su abdomen. Cuando nacen las crías, abandonan el saco, trepan por las patas de su madre y se reúnen en la parte superior del abdomen.

CANGURO

Los marsupiales, como los **canguros** o los **koalas**, son un grupo de mamíferos que se caracterizan por tener una bolsa conocida como marsupio. En este sitio, sus crías se alimentan y crecen hasta que son mayores.

¡Pocos animales se vuelcan más con sus **crías** que las **leonas!**

PINGÜINO EMPERADOR

El **pingüino emperador** (*Aptenodytes forsteri*) cría en la Antártida durante el invierno. Para combatir el frío, incuba un único huevo sobre sus patas y pegado al vientre. Cuando hace viento y mucho frío, tanto los adultos como las crías se agrupan para darse calor.

LEONA

Los cachorros de los **leones** suelen nacer todos al mismo tiempo. De esta manera, cuando necesitan mamar pueden acudir a las distintas mamás que componen la manada.

41

KOALA

Al igual que los canguros, los **koalas** (*Phascolarctos cinereus*) son marsupiales. Por eso, sus crías primero crecen en el interior del marsupio. Cuando son más grandes, los bebés koala viajan agarrados a la espalda de su madre mientras aprenden a sobrevivir.

ZORRO ROJO

Los **zorros rojos** (*Vulpes vulpes*) viven en parejas o grupos pequeños donde todos los ejemplares son familiares. Las camadas suelen ser de entre cuatro a seis crías, que permanecen ocultas en su madriguera. Solo salen a explorar y jugar cuando no hay ningún peligro cerca.

LOBO

Los **lobos** (*Canis lupus*) necesitan vivir en manadas para sobrevivir. Los grupos suelen estar formados por cinco a once ejemplares, liderados por una pareja que son la madre y el padre del resto. Por eso, las crías son atendidas por todos los miembros, que se encargan de traerles comida y protegerlos de cualquier peligro.

CISNE BLANCO

Al igual que muchas otras especies de aves acuáticas, las hembras de **cisne blanco** (*Cygnus olor*) se encargan de incubar los huevos. Aunque en este caso, los machos también ayudan a construir el nido y se turnan para el cuidado de los huevos. Ambos son muy protectores y atacarán a cualquiera que se acerque a sus polluelos.

¡Utilizo mis **excrementos** para sellar la entrada de mi nido!

CÁLAO BICORNE

El **cálao bicorne** (*Buceros bicornis*) se puede encontrar en algunas regiones de la India y el sudeste asiático. Las hembras construyen los nidos en huecos abiertos en troncos de árboles y sellan la entrada con sus propias heces. Solo dejan una pequeña ranura como abertura, por donde no pueden entrar los depredadores. De esta forma, los machos deben encargarse de buscar alimentos para llevárselos a su pareja y polluelos.

RANA TORO

La **rana toro africana** (*Pyxicephalus adspersus*) es un enorme anfibio de más de 20 cm de longitud y hasta 2 kg de peso. Los machos son unos padres muy protectores que vigilan las charcas donde se desarrollan los huevos y luego crecen las crías como renacuajos. Si perciben que se están quedando sin agua, pueden cavar un canal con sus patas y cabezas para traer más agua.

ANIMALES EXTRAÑOS

Debido a su tamaño, curioso aspecto o extrañas características, estos animales resultan muy llamativos. Todos ellos cuentan con increíbles adaptaciones para sobrevivir.

PEZ PESCADOR

Los **peces pescadores** o anzuelos habitan en las profundidades marinas, donde no llega la luz del Sol. Estos depredadores de los fondos abisales cazan gracias a un largo apéndice, parecido a una caña de pescar, situado sobre su cabeza. En el extremo del apéndice tienen un órgano con el que producen luz para atraer a presas como pequeños peces o crustáceos.

DRAGÓN DE MAR FOLIADO

El **dragón de mar foliado** (*Phycodurus eques*) es un pez pariente de los caballitos de mar. Habita en las costas del sur de Australia. Su cuerpo está decorado con unas prolongaciones que imitan el aspecto de las algas entre las que se oculta. ¡Al nadar se asemeja a un alga flotando!

AYE AYE

El **aye aye** (*Daubentonia madagascariensis*) es una curiosa especie de lémur de Madagascar. Su característica más llamativa es su largo dedo, que usa para extraer larvas ocultas en los troncos de los árboles. Con él golpea la madera hasta encontrar un hueco, luego utiliza los dientes para quitar la corteza y alcanzar su comida.

PANGOLÍN

Los **pangolines** (*Manis sp.*) viven en regiones tropicales de África y Asia. La mayor parte de su cuerpo, desde la cabeza hasta la cola, está cubierto por duras escamas que les sirven como una eficaz armadura. De esta forma, si están en peligro se acurrucan haciendo una bola. Estas escamas están hechas con el mismo material que nuestras uñas.

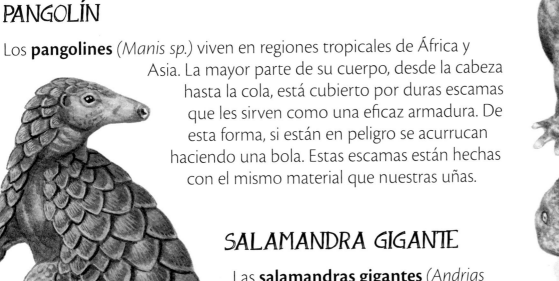

SALAMANDRA GIGANTE

Las **salamandras gigantes** (*Andrias sp.*) son unos anfibios enormes que podemos encontrar en algunos ríos de China y Japón. La **salamandra gigante china** (*A. davidianus*) es el anfibio más grande de la Tierra: puede llegar hasta los 1,8 m de largo y pesar más de 50 kg. Viven siempre bajo el agua, donde se alimentan de animales como insectos, crustáceos u otros anfibios.

VAQUITA MARINA

La **vaquita marina** (*Phocoena sinus*) es el cetáceo más pequeño del planeta. No llega a crecer más de 1,5 m de largo y pesa hasta 50 kg. Esta especie se encuentra en peligro crítico de extinción debido al impacto de la pesca accidental. Hoy en día quedan menos de 15 ejemplares que viven en el Golfo de California, situado en México.

¡Son muy pocos los afortunados que me han podido **ver**!

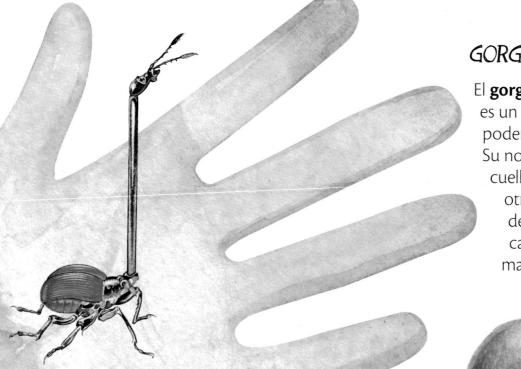

GORGOJO JIRAFA

El **gorgojo jirafa** (*Trachelophorus giraffa*) es un llamativo escarabajo que solo podemos encontrar en Madagascar. Su nombre hace referencia a su largo cuello, que utiliza para luchar contra otros machos durante la época de reproducción. Debido a esta característica, la longitud de los machos es de 2,5 cm.

UACARÍ CALVO

El **uacarí calvo** (*Cacajao calvus*) es un primate que habita en algunos bosques de Brasil y Perú. Su cara presenta un llamativo color rojo debido a que le faltan los pigmentos típicos de la piel y además está irrigado con una gran cantidad de capilares sanguíneos. Es un animal que vive entre las copas de los árboles, donde se alimenta de semillas, frutas y algunas pequeñas presas.

PEJESAPO DE BARBAS

Los **pejesapos de barbas** (*Linophryne arborifera*) habitan en las profundidades abisales. Al igual que los peces pescadores, ¡usan señuelos luminosos para atraer a las presas hacia su boca!

46

LAGARTO CON CHORRERAS

La característica más llamativa del **lagarto con chorreras** (*Chlamydosaurus kingii*) es su gran collar de color rojo y amarillo, el cual usa para aparentar ser peligroso cuando se siente amenazado. Esta especie de reptil vive en bosques del norte de Australia y del sur de Nueva Guinea. Pasa la mayor parte del tiempo en los árboles, donde se alimenta de insectos como mariposas o escarabajos.

¡con este volante parezco **más grande!**

CASUARIO

Los **casuarios** (*Casuarius casuarius*) son unas grandes aves que crecen hasta los 1,8 m de altura y pesan más de 50 kg. Podemos reconocerlas por sus colores azules y rojos, y además presentan en su cabeza una cresta. Viven en el sur de Nueva Guinea y algunas regiones del norte de Australia. Son animales solitarios, que comen fruta y pequeñas presas.

SAIGA

El **saiga** (*Saiga tatarica*) es un extraño antílope muy característico porque tiene una nariz con forma de trompa. Gracias a esta nariz, puede filtrar el polvo presente en el aire así como controlar su temperatura corporal. Vive en las estepas de Asia Central.

ÍNDICE de animales